I0484235

CÓMO CURAR CON
MEDICINA ALTERNATIVA
SIN LA INTERFERENCIA DEL GOBIERNO

MOSES DURAZO

CÓMO CURAR CON
MEDICINA
ALTERNATIVA
SIN LA INTERFERENCIA
DEL GOBIERNO

MOSES DURAZO

SaveMeMagnets.com

Este libro se lo dedico a ustedes, mis hermanos y hermanas colegas, que aprecian la libertad, la coexistencia, la paz y que son incansables para explorar y avanzar en el conocimiento para poder contribuir al bienestar de la humanidad, sin importar si nadan contra la corriente. Para vivir y trabajar con libertad, utilicemos nuestros derechos constitucionales de los Estados Unidos de América.

Aviso de Exención de Responsabilidad

Ni el autor ni la compañía de publicidad son una firma legal, no representan una firma legal, y tampoco ofrecen consejo legal. La información contenida en este libro es solamente con el propósito de educar y no se debe considerar como sustitución de consejería legal por parte de un abogado con licencia u otros expertos que manejen sus asuntos legales.

Contenidos

Introducción

Anualmente, el 62% de los norteamericanos en la edad de 18 años o más utilizan una forma de medicina no tradicional, de acuerdo al estudio realizado por los Centros de Prevención y Control de Enfermedades (CDC, por siglas en inglés).

La gente está en busca de alivio para su dolor y sufrimiento, recuperación de su energía y la fuerza para vivir su vida al máximo.

Estos tratamientos alternativos, incluyen: acupuntura, quiropráctica, biomagnetismo, reflexologia, alphabiotismo, yoga, suplementos a base de hierbas, terapia con vitaminas/minerales y la oración, entre otras tantas.

Algunos de estos tratamientos y medicinas se combinan con terapias más convencionales y farmacéuticos que se administran por médicos con licencia, mientras que otras se suministran por profesionales de la salud alternativa.

Ya sea de una u otra forma, aquellos que proporcionan medicina alternativa caminan sobre una línea sutil en la que se considera una práctica legalmente aceptable. Diariamente trabajan con miedo a la persecución y la amenaza al encarcelamiento y cargos criminales por su trabajo en proveer alivio y curación.

En el intento para proteger al público de falsificadores expertos y sustancias dañinas, el péndulo se movió fuera de balance amenazando las condiciones de trabajo para aquellos que practican el arte curativo.

Los profesionales competentes de la medicina alternativa no son tan absurdos para sugerir que no se necesita la regulación de sustancias o cuidado de la salud.

Pero como lo veremos en este libro, la historia ha comprobado una y otra vez que lo que se consideraba medicina común y convencional en algún momento, cambió a una práctica prohibida para las generaciones futuras.

Para nosotros los que practicamos medicina alternativa creemos en la libertad de las personas para explorar opciones y encontrar lo que funciona para ellos. No creemos que todo lo que necesitamos saber acerca de la salud ya se descubrió o está escrito.

Pero el precio que se paga por mantener nuestra mente abierta para curar es alto.

Diariamente miles de profesionales que practican la salud alternativa llevan a cabo su trabajo con miedo a la persecución. Están en peligro constante a cargos y delitos criminales. Existen barreras entre sus "pacientes" y su práctica médica.

Este libro se trata de romper esa barrera.

Se trata de cómo aquellos que practican la medicina alternativa pueden proteger los derechos de sus pacientes de obtener sus servicios al formar Asociaciones Médicas de Membrecía Privada (AMMP).

Protegidos bajo la Primera, Cuarta, Quinta, Décima y Catorceava Enmiendas de la Constitución de los Estados Unidos, y el Artículo 2 de la Escritura Constitucional Canadiense de 1982 sobre los derechos y libertades, estas asociaciones proporcionan una barrera de seguridad en torno a su práctica; de esta manera, les ayudan a interactuar directamente con sus miembros.

Se trata de tener seguridad y libertad de innovar y desarrollar y de hacer crecer su negocio para el cuidado de la salud alternativa para proveer las mejores soluciones posibles para aquellos que lo necesiten.

Este libro se escribió desde el punto de vista de un profesional que ha trabajado con miedo a la persecución y luego con la fuerza que le da una AMMP, y que ha aprendido cuán efectivo puede ser un profesional bajo una asociación privada.

Por cinco años yo practiqué el Biomagnetismo Médico Goizeano con el constante miedo y duda si estaba sobrepasando el perfil legal en mi explicación por los grandes beneficios de salud con este método terapéutico.

Esta duda me perseguía en mi trabajo, aún cuando yo sabía por experiencia personal de cómo mi salud se había restaurado con el uso de esta terapia.

Yo sé de la liberación que experimenté después de tomar la acción legal apropiada para protegerme potencialmente de investigaciones ilegales realizadas por agencias gubernamentales y asociaciones médicas.

Cuando se trabaja bajo el amparo apropiado de una estructura legal, el miedo ya no es un factor dominante.

Al contrario, usted puede proporcionar lo mejor de su inteligencia en el arte curativo que haya escogido practicar.

Creo apasionadamente en el derecho que la gente tiene para obtener opciones en el cuidado de los servicios de salud y que ahora puedo proporcionarlos libremente.

Quiero ayudar a otros que practican a lo que llamamos "medicina alternativa" a experimentar la misma libertad.

Este libro les ayudará a conseguirlo.

infecciones comunes y lesiones menores pudieran matar a las personas.

Tan sólo en los Estados Unidos, la OMS estima que cada año dos millones de personas se enferman por infecciones resistentes a los antibióticos. Al menos 23,000 de ellos mueren porque los fármacos actuales no pueden parar estas infecciones.

Este problema ha ocurrido en sólo los últimos diez años.

Al mismo tiempo, la OMS hizo un llamado para un plan de acción global que incluyó el mejor uso de vacunas, higiene básica de las manos para reducir infecciones (como lavarse las manos), la reducción del uso insano de farmacéuticos anti-microbiales, el apoyo de estudios que lleven a nuevos y mejores análisis de diagnósticos, y en general, un mejor monitoreo para obtener a nivel global una resistencia anti-microbial.

Un total de 114 países estuvieron involucrados en el estudio de la OMS.

El propósito de contarles esta historia no es para asustar a los lectores, sino para ilustrar que la práctica en el cuidado de la salud cambia constantemente.

Lo que algún día se esculpió sobre piedra, después se destruye y se tira por la ventana como basura.

El entendimiento médico evoluciona a través de los siglos

La historia de la medicina alópata está llena de prácticas que un día estuvieron de moda y luego se convirtieron en charlatanería. Ya no hay necesidad de "sangrar" a un paciente para curarlo.

La idea principal de que las enfermedades podrían ser "contagiosas" se dio hasta los años 1400, aún cuando Hipócrates reconoció que la tuberculosis se transmitía de persona a persona muchos siglos antes de los años 1400.

Los antiguos griegos y romanos creyeron en una teoría médica del "humorismo", la cual fue un sistema de medicina que caracterizó el funcionamiento del organismo del ser humano basado en cuatro diferentes fluidos corporales.

Ya en el siglo XIX, muchos médicos basaron su práctica en la fisonomía, la cual les daba la certeza de que podrían determinar el carácter o personalidad de un paciente por su apariencia externa, especialmente su cara.

El desarrollo de la medicina requiere de una mente abierta

Sin embargo, este libro no se trata de cuestionar la validez de las medicinas convencionales. Al contrario, se trata de demostrar que necesitamos mantener una mente abierta sobre métodos alternativos de curación, porque aún con las mejores intenciones y cientos de experimentos científicos publicados y revisados a la par en revistas médicas, se obtienen resultados equivocados.

Este libro es acerca de los derechos de las personas que practican medicina alternativa para tener la libertad de realizar su trabajo sin miedo a la persecución interminable por parte del gobierno.

La historia demuestra que la medicina convencional en ocasiones fracasa. Nos hace dudar si de verdad podemos tener una mente cerrada sobre alternativas que difieren de las terapias y tratamientos convencionales.

En el próximo capítulo veremos cómo un gran número de miembros del público empiezan a ejercer su derecho y buscan la medicina alternativa, ya sea por sí sola o en combinación con tratamientos tradicionales.

Capítulo 2

El interés en la medicina alternativa crece

En un período de siete años (de 1990 a 1997), una encuesta nacional conducida en los Estados Unidos demostró que el número de personas que utilizan una de tantas terapias alternativas o complementarias se ha incrementado en un 33.8 %.

Actualmente el Centro Nacional para la Medicina Alternativa y Complementaria (NCCAM, por siglas en inglés) de los Institutos Nacionales de Salud (bajo la jurisdicción del Departamento de Salud y Servicios Humanos de los Estados Unidos) estima que el año pasado, alrededor del 62% de americanos utilizaron alguna forma de medicina alternativa. Este porcentaje incluye el rezo como terapia.

Entre muchos tratamientos y medicina alternativa que se buscan son: el biomagnetismo, alphabiotismo, programas de relajación, Tai Chi y yoga, medicinas a base de hierbas, masaje, reflexología, acupuntura, quiropráctica, vitaminas/minerales, grupos de auto-ayuda, curación espiritual; otros buscan imágenes retóricas, remedios personales, dietas especializadas, curación energética, hipnosis, homeopatía y retro información biológica, entre otras.

En ese período hubo un total de 629 millones de visitas realizadas por americanos a profesionales de la medicina alternativa, excediendo el número total de visitas hacia médicos alópatas del cuidado de la salud.

En el proceso de la búsqueda por la salud, las personas también pagaron muchísimo dinero.

Un estimado de $21,2 billones USD se gastó en servicios de medicina alternativa y más de la mitad de eso ($12,2 millones USD) se pagó sin ninguna devolución por parte de las compañías de seguro.

Obviamente existe una demanda por los profesionales de la medicina alternativa en los Estados Unidos.

Aquellos que entran en este campo pueden razonablemente esperar, si éste no estuviera en su contra, recibir honorarios aceptables por sus servicios.

¿Por qué la gente busca la medicina alternativa?

Para mejor entender nuestro negocio, es importante entender por qué está sucediendo este crecimiento. Ciertamente no es porque la gente está siendo más escéptica sobre la medicina alópata.

La realidad es que en muchos países del mundo, particularmente como Asia y África, la gente no tiene acceso a la medicina convencional, pero sí tienen acceso a la medicina alternativa y complementaria.

En otros casos, la medicina alternativa se busca porque es más económica y se lleva a cabo en un ambiente más democrático que en la relación de un médico/paciente que tiende a ordenarle que debe hacer.

Existe también la realidad que muchos han encontrado la medicina alternativa mucho más efectiva, no invasiva y comparten sus historias. Les ha ayudado a mejorar su calidad de vida, reducir el dolor y quieren que otros lo sepan.

Existen muchos profesionales de la salud en este campo para cubrir la demanda de los servicios de la medicina alternativa.

En los Estados Unidos, tan sólo existen aproximadamente 6,000 personas involucradas para proveer servicios de acupuntura.

Cerca del 15% de la población de los Estados Unidos visitan regularmente a un quiropráctico.

Agregue a eso los 50,000 masajistas calificados trabajando en los Estados Unidos, y otros 50,00 profesionales de la salud en el área biocampo y 1,000 médicos naturópatas.

Posición de desigualdad legal para los profesionales de la salud

Y todavía, a todos estos profesionales de la salud anteriormente mencionados, en esencia los tratan con la carencia de un estatus y falta de respeto en comparación a otros que se dedican a sanar.

Etiquetarlos como profesional de la salud "alternativa" o "complementaria" inmediatamente es el equivalente a etiquetarlos en una posición de desigualdad legal, discriminación para otorgarles licencia, acreditación, reembolso por servicios y otras estructuras regulatorias.

En el próximo capítulo, veremos formas en donde el mundo de la medicina no convencional se regula, y de qué manera tratan a los profesionales de la salud.

Capítulo 3

Grandes discrepancias en las regulaciones

Como muchos otros negocios en los Estados Unidos, la medicina alternativa está regulada y este libro no tiene problema con ese concepto.

Es natural que el gobierno trabaje para proteger la salud y seguridad de sus ciudadanos.

Sin embargo, lo que es difícil para los profesionales de la medicina alternativa es la carga desigual que comparten las regulaciones y los interminables cumplimientos normativos para llevar a cabo nuestro trabajo.

Existen reglas en torno a que si podemos obtener licencia o no, que si podemos aproximarnos directamente a los pacientes y qué podemos postular o no, si existe negligencia o no, si hay reembolsos a terceras personas o no (compañías de seguro) y acceso a tratamientos.

Tenemos que lidiar con leyes estatales en muchas áreas como autorizaciones y redes de mercadeo, pero las leyes federales, notablemente en el área legal por parte del organismo de Administración de Medicamentos y Alimentos (FDA, por siglas en inglés), para asuntos legales. Todas las leyes están dirigidas directamente en contra de los practicantes para favorecer a los consumidores.

Mientras que es entendible para cualquier gobierno trabajar para proteger a la gente de fraude y peligros que puedan amenazar sus vidas, existe mucho conflicto y muchísimas áreas sin aclarar que muchos profesionales consideran que nunca van a sentirse seguros en su práctica.

También permanecerán confundidos, porque existen muchísimas contradicciones legales e información yuxtapuesta, no solamente de estado a estado, sino de departamento a departamento. La confusión es amplificada cuando observamos las regulaciones en los Estados Unidos comparadas con otras naciones.

Esto impacta no solamente a los profesionales sin licencia del cuidado de la salud alternativo, sino también a médicos con licencia que utilizan medicina alternativa para complementar sus tratamientos tradicionales.

Solamente una cosa es bien clara en los Estados Unidos de América: si usted practica medicina sin licencia, usted esta cometiendo un crimen.

La práctica de la medicina incluye, diagnóstico y tratamiento de cualquier enfermedad o condición humana.

Esto afecta no solo al profesional de medicina alternativa sin licencia, sino también al médico con licencia que decide agregar medicina alternativa a sus opciones de tratamientos.

Ahí es donde la transparencia acaba y empieza la confusión.

Discrepancias en las leyes

Por ejemplo, la Servicios de Impuestos Internos (IRS, por siglas en inglés) de los Estados Unidos permite a las personas que reciben servicios médicos de acupuntura o quiroprácticos a reclamarlos, pero no les permiten reclamar las medicinas homeopáticas.

Sin embargo, todas son medicinas alternativas.

La medicina a base de hierbas se considera medicina convencional en ciertos países europeos, pero en los Estados Unidos es medicina alternativa.

La Organización Mundial de la Salud (OMS) ha

reconocido que muchos países están pidiendo orientación para regular su industria de la medicina alternativa.

La OMS ha publicado una declaración diciendo que anima a sus asociados estados a integrar la medicina convencional y alternativa dentro de sus sistemas nacionales del cuidado de la salud y a garantizar el uso racional de ellos.

En 1998, dieron a conocer un reporte comprensivo llamado, Legal Status of Traditional Medicine and Complementary/Alternative Medicine: A Worldwide Review (traducción: El status legal de la medicina tradicional y la medicina alternativa/complementaria: un análisis a nivel mundial.

(http://apps.who.int/medicinedocs/en/d/ Jh2943e/r.html).

La enorme discrepancia de las leyes en relación a la medicina alternativa fue entonces visible para darnos cuenta todos.

Considere estas realidades:

En Brasil, no solo ahí existe un estimado de 12,000 médicos homeópatas, pero desde 1980 la Asociación Médica Brasileña ha reconocido la homeopatía como una especialidad médica legítima. En 1988 el gobierno brasileño reconoció la homeopatía y la incluyó en el Sistema Nacional de la Salud.

En Chile, el 71% de la gente utiliza alguna forma de medicina alternativa tal como el uso de plantas medicinales, espiritualismo, aromaterapia y acupuntura. La igualdad en el tratamiento de medicinas alópatas y tradicionales se enfatiza en las políticas nacionales y ambas se regulan con igualdad.

En Alemania, tres cuartas partes de médicos alópatas también utilizan medicina alternativa y ofrecen tratamientos de acupuntura a un 77% de todas las clínicas para el dolor. Existen entre 10,000 y 13,000 profesionales de medicina alternativa. No existe un monopolio legal para médicos alópatas. Los médicos no alópatas con licencia pueden practicar medicina igual que los profesionales de medicina con licencia, pero algunas restricciones aplican en relación a algunos servicios médicos, incluyendo rayos X, autopsias y obstetricia.

Las leyes difieren alrededor del mundo

Sin embargo, entre más investigación se haga, más claro está que verdaderamente cada país en el mundo tiene diferentes regulaciones para la práctica de la medicina alternativa.

Cuando usted lea en detalle el reporte que realizó la OMS, usted descubre cómo¬¬ están diseminadas las discrepancias de regulación de nuestra industria, y aún así está más claro que se necesita mucho valor para tratar de curar a la gente con la medicina no convencional.

Capítulo 4

La confusión legal causa miedo

Como lo mencioné anteriormente, en los Estados Unidos, en cada estado las leyes en relación a las licenciaturas están claras y establecen que practicar medicina sin licencia es un crimen.

La definición general de practicar medicina es diagnosticar y tratar enfermedades o cualquier condición humana.

Esto es un poco ridículo.

Si esta es la definición de practicar medicina, entonces de alguna forma todos nosotros somos culpables de este crimen, desde la mamá que da jarabe para la tos a su hijo enfermo a la media noche, hasta la abuela que promete que su caldito de pollo le va a aliviar su último ataque de gripe.

Y los profesionales de la medicina alternativa, oficialmente sin importar el uso de semánticas y avisos de exención de responsabilidad para probar lo contrario, también están practicando medicina, porque de hecho, su objetivo es tratar y prevenir las condiciones humanas.

El miedo es una plaga para la humanidad

Esta es la razón del por qué muchos profesionales alternativos/complementarios realizan su trabajo con cierto grado de miedo. Esto va en perjuicio de la industria.

Como sabemos, vivir y trabajar con miedo ocasiona limitaciones multidimensionales para todos.

El miedo a cualquier nivel es una plaga para la humanidad.

En mi caso y para otros profesionales de Biomagnetismo Goizeano, por ejemplo, el miedo nos limita a realizar tres cosas importantes.

Primero, nos paraliza para avanzar en descubrimientos científicos.

El Dr. Goiz prometió a las autoridades mexicanas que interrumpiría sus investigaciones. Nosotros también escuchamos de médicos de los Estados Unidos que se van otros países como México para establecer sus prácticas para aplicar sus métodos revolucionarios para evitar la persecución en los Estados Unidos.

Todo este miedo crea confusión, ¿no es así?

Segundo, el miedo nos paraliza para ayudar a más personas.

Si usted no se autocensurara y en lugar de eso usted hablara con la verdad de que lo que usted hace puede prevenir, mejorar y potencialmente curar, por ejemplo, el cáncer, artritis y otras enfermedades, entonces naturalmente más personas lo intentarían.

Tercero, el miedo entorpece el crecimiento económico.

¿Cómo puede un profesional de medicina alternativa incrementar el número de clientes/pacientes si no puede decir realmente lo que hace?

Usted puede decir, "Puedo ayudarle con su problema de salud, pero en realidad no puedo, porque no doy consejo médico o no curo a la gente".

Esto es absurdo.

Es como pedirles a nuestros profesionales de medicina alternativa que tengan un trastorno de doble personalidad. Terminamos contribuyendo de igual forma a la confusión para todos, especialmente a la nuestra, y esa ¡no es una manera de vivir!

Vivir con miedo es un perjuicio para el objetivo de los servicios del cuidado de la salud, el cual incluye ayudar a la gente a vencer el miedo.

No sabemos si de repente nos clausuran. Debemos ser extremadamente precavidos de la forma en que nos dirigimos a nuestros pacientes o les hacemos promesas anticipadas. Debemos andar de puntitas sobre cascaras de huevo para realizar el trabajo de curación que queremos lograr. ¿Esto es correcto o justo?

Capítulo 5

¿Cuál diferencia hace tener una licencia?

Antes de que le echemos un vistazo a nuestras opciones para salir de la nube incierta del miedo y entrar a la luz brillante de la curación, vamos a ver otro aspecto de la práctica médica: la pregunta sobre la licencia.

¿Qué puede hacer si usted tiene una licencia?

¿Qué puede hacer si no la tiene?

Para nosotros quienes practicamos medicina alternativa y complementaria, podemos estar con licencia o sin licencia.

¿Cuál es la diferencia, además de una hoja de papel?

Un profesional médico con licencia es alguien que tiene la licencia para practicar en su área de trabajo, o está registrado o certificado de acuerdo a las leyes y regulaciones federales, estatales y municipales. Están autorizados a otorgar un servicio al público.

Ejemplos de trabajos en el cuidado de la salud con

licencia son los convencionales médicos, dentistas, enfermeras, parteras y psicólogos.

Ejemplos de trabajos no convencionales en el cuidado de la salud que también pueden tener licencia son los acupunturistas, quiroprácticos y masajistas.

Cuando el público busca servicios de estos profesionales con licencia, tienen el derecho de saber si la persona que otorga estos servicios tiene una licencia al día.

Si la persona dice tener una licencia y no la tiene, eso constituye una ofensa y esa persona perderá su licencia y/o enfrentará cargos y penalidades civiles y/o criminales.

Esto es muy serio.

Si de alguna manera usted trabaja en el ámbito del cuidado de la salud que no requiere una licencia o que si la requiere, cada estado tiene sus propias leyes.

Restricciones legales para los profesionales de la salud sin licencia

Citando las leyes de California (la ley SB-577) (esto también impacta a muchos otros estados), si usted no tiene una licencia no le permitirán hacer nada de la siguiente lista:

• Llevar a cabo en otra persona cirugías o cualquier otro procedimiento que perfore la piel o invada total y nocivamente el cuerpo.

• Administrar o recetar a otra persona: radiación con rayos X, medicamentos o sustancias controladas.

• Recomendar la suspensión de medicamentos o

sustancias controladas recetadas apropiadamente por un profesional de la salud con licencia.

• Intencionalmente diagnosticar y tratar una condición física o mental a cualquier persona bajo circunstancias y condiciones que causen o generen: un gran riesgo para lastimar el cuerpo entero, enfermedad seria física o mental o provocar la muerte, reparar fracturas, tratar con electroterapia laceraciones o abrasiones de la piel.

• Admitir, declarar, indicar, anunciar o insinuar a un cliente o prospecto que él o ella es un médico o cirujano.

Claramente, para los profesionales de la salud alternativa, llevar a cabo su trabajo en el sector público causa un gran miedo por pisar por encima de la línea legal.

El sector público automáticamente incrementa los riesgos de ilegalidad

La realidad es que automáticamente usted está operando en el sector público, porque usted está trabajando con personas del público.

Por ejemplo, en el caso del Biomagnetismo Médico Goizeano, el enfoque es multidimensional, ya que aborda muchos asuntos de salud; así que dependiendo de cómo se exprese, usted podría fácilmente cruzar la línea y estar practicando medicina sin el registro o licencia apropiada.

Por ejemplo, cuando muchos profesionales de la salud alternativa consultan a su gente, podríamos decirles que tienen un virus, bacteria, hongo, parásitos, disfunciones de órganos o glandulares, o inclusive intoxicación.

Esto es un diagnóstico.

También podríamos estar practicando psicología y/o psiquiatría sin licencia porque detectamos problemas emocionales tal como la *depresión, ira, tristeza, resentimiento*, etcétera.

Esto es diagnosticar asuntos de salud mental.

Algunos profesionales de la salud incorporan terapia manual como Reiki y esto podría constituir igualmente practicar una terapia de masaje sin licencia.

Está ligado a que tarde que temprano alguien se quejará y le pedirá ver su licencia y ahí es cuando sus problemas legales pudieran comenzar.

¿Qué hacemos?

Tratamos en vano de encontrar formas que nos ayuden a nuestro predicamento.

Capítulo 6

El aviso de exención de responsabilidad

Algunos profesionales de la medicina alternativa creen que están practicando conforme a la ley al proporcionar todas sus terapias bajo el aviso de exención de responsabilidad.

Esto no es verdad.

De hecho, los avisos de exención de responsabilidad absolutamente no le protegen en contra de órganos rectores médicos, investigaciones para el cumplimiento de la ley y acusaciones en contra de su práctica médica.

Usted puede protestar todo lo que quiera.

Usted puede comunicar por escrito a todos sus pacientes: *"Yo no soy médico. No alivio. No curo"*.

Pero esto, evidentemente también es falso.

Si usted no está curando o aliviando, entonces ¿Qué está haciendo?

La hipocresía de pretender de no ser lo que es, es

obvia.

Extraoficialmente, la verdad es que es exactamente lo opuesto.

Usted está aliviando.

Usted está curando.

Y secretamente todos los días usted está cruzando la delicada línea legal.

Los problemas con los avisos de exención de responsabilidad

Recientemente leí un modelo de un aviso de exención de responsabilidad que los nuevos terapeutas involucrados con el biomagnetismo médico están motivados a seguir.

Yo no soy abogado, pero aún como persona común pude ver los problemas.

Aquí estoy transcribiendo el aviso de exención de responsabilidad con mis observaciones en letras itálicas después de cada sección:

Aviso de exención de responsabilidad: El terapeuta John o Jane Doe se ha certificado para proveer terapia biomagnética por el Dr. Isaac Goiz Durán, el Centro de Investigaciones de Biomagnetismo Médico en México y la Universidad Autónoma de Chapingo.

Pensamiento: *Estas entidades mexicanas certifican que nos han provisto de educación, pero no tienen autoridad, al menos no en los Estados Unidos para autorizarlos o prohibirles prestar este servicio.*

Aviso de exención de responsabilidad: John o Jane Doe no es médico, no da diagnósticos médicos ni provee consejo o cuidado médico.

Pensamiento: *La misma entidad que ofreció a los estudiantes de biomagnetismo de este aviso de exención de responsabilidad, dirige un grupo en línea que hablan totalmente de lo contrario. Hablan sobre diagnósticos médicos, consejo y cuidado médico. Esa es la forma en la que estamos entrenados. ¿De qué más podemos hablar sino en términos médicos?*

Aviso de exención de responsabilidad: La mayoría de las personas necesitan de tres a cinco sesiones. Algunas veces se necesitan más de cinco.

Pensamiento: *Si el biomagnetismo es una terapia complementaria, entonces ¿por qué ahora se establece cuando sea necesaria? ¿Para qué necesitamos algo que no cura o alivia?*

Aviso de exención de responsabilidad: No he recibido quimioterapia y/o terapia de radiación en el último año y no planeo recibir quimioterapia y/o terapia de radiación en el próximo año a partir de hoy ya que no es aconsejable la terapia de biomagnetismo en esta situación.

Pensamiento: *Para mí esto suena como consejo médico.*

Aviso de exención de responsabilidad: Después de un tratamiento, por favor recuerde cambiar su cepillo dental; utilice uno nuevo para evitar reinfectarse.

Pensamiento: *¿Cuál infección? Según no diagnosticamos.*

Aviso de exención de responsabilidad: Probablemente usted experimente una crisis de curación. Porque la crisis de curación va acompañada de síntomas no placenteros, frecuentemente y erróneamente se interpreta como una enfermedad cuando en realidad es lo opuesto. Es un proceso en el cual el organismo se recupera de la enfermedad para pasar a ser un organismo más fuerte y sano.

Pensamiento: *Para mí, esto también suena como consejo médico y diagnóstico.*

Personalmente he conocido personas que han visitado a otros terapeutas en biomagnetismo antes de haberme visitado a mí y dicen: *"El otro terapeuta me dijo que el biomagnetismo puede curar todo".*

Aún el Dr. Goiz declara que hasta un 98% de todas las enfermedades pueden curarse; así es que naturalmente nosotros decimos lo mismo, ¿estoy en lo correcto?

Si usted repite estas palabras y continúa operando su negocio en el sector público, entonces no existe en el mundo un aviso de exención de responsabilidad que lo proteja del hecho de que usted está quebrantando las leyes federales y estatales.

Capítulo 7

Salga de las sombras

Después de haberme preocupado más acerca de que tarde que temprano uno de mis colegas o yo mismo, que trabaja en el campo del Biomagnetismo Médico Goizeano, podría ser acusado de practicar medicina sin licencia, empecé a investigar opciones a trabajar en un ambiente aprehensivo.

Cuando usted trabaja con miedo, es como si usted tratara de hacer movimientos delicados con guantes de boxeo.

Usted no puede dar lo mejor de sí mismo o ser más creativo, y usted no está haciendo crecer al máximo su negocio al exento que se requiere para que ambos sus *"pacientes"* y usted mismo prosperen.

Ahora sé que esto se puede evitar.

La realidad es que ambos proveedores del cuidado de la salud alternativa sin licencia (especialistas en Biomagnetismo Médico Goizeano, herbolarios, homeópatas, iridólogos, nutricionistas y espiritistas que no estén practicando bajo los principios de una religión específica reconocida), y proveedores del cuidado de la salud complementaria/alternativa con licencia (Ej. Quiroprácticos, acupunturistas, masajistas terapéuticos, naturistas), que salen de su ámbito de trabajo autorizado, corren riesgo de persecución por no tener licencia.

Debido a que la definición de practicar medicina sin licencia es muy amplia, todos estos practicantes constantemente están cruzando esa línea delicada.

Por lo que practicamos bajo la sombra del miedo.

Una Asociación Médica de Membresía Privada es la solución

Los problemas inherentes de trabajar en el sector público se solucionan operando su práctica de medicina alternativa en el sector privado.

Haciendo tan sólo esta iniciativa tan significante le permite tener acceso a muchísimas libertades protegidas legalmente que usted no tenía idea que existen e incluyendo el derecho de practicar medicina sin licencia.

El establecimiento de asociaciones médicas puede totalmente hacer ¡la diferencia en el mundo!

Estableciendo Asociaciones Médicas de Membresía Privada (AMMP) podemos asegurar nuestra seguridad personal como proveedores del cuidado de la salud, y garantizar a nuestros pacientes el derecho de tener acceso a nuestro tratamiento.

Las AMMPs están definidas con respecto a la Primera y Catorceava Enmienda de Asociaciones Médicas

Privadas de miembros en el sector privado con fines de lucro.

Por tres (3) razones no es práctico trabajar sin ánimo de lucro:

1.   El fundador de una asociación no lucrativa no puede controlarla como fideicomisario.

2.   Aunque no se necesite declarar impuestos sobre la renta, además de las 25 páginas, debe presentarse información sobre la declaración de los impuestos sobre la renta.

3.   Todos los libros de contabilidad y registros deben exponerse al público una vez cada tres (3) años como en un anuncio en el periódico.

Las AMMPs también le permiten hablar libre y directamente a sus pacientes acerca de sus problemas de salud, remedios y curaciones. Garantizan la libertad de llevar a cabo asambleas y discursos. Se les puede conceder el estatus de exención de impuestos por parte del Departamento de Impuestos sobre la Renta de los Estados Unidos bajo el Artículo 501 (c)(4).

Cuando usted establece una Asociación de Membrecía Privada, sus actuales y futuros clientes se convierten en miembros contratistas de su asociación.

Al tomar este paso, se limitan las posibles demandas en su contra y le permite a hablar directamente con sus miembros para enviarles información y ofrecerles detalles acerca de los productos y servicios que ofrece.

Usted también tiene protección privada.

Creo que la mejor y absoluta razón para establecer una asociación médica de membrecía privada es para tener la libertad de educar a sus miembros acerca de las características de su programa del cuidado de la salud.

Déjeme ser más específico. No soy abogado. Soy un profesional de medicina alternativa que ha aprendido en carne propia lo bien que funcionan las AMMPs.

Debe practicar terapias seguras

También mantenga en mente que mientras tiene una protección razonable con una AMMP, para llevar a cabo con tranquilidad su práctica, eso no le permite ejercer terapias nocivas que pudieran herir o causar la muerte a la gente.

Si se percibe un acto criminal, las agencias estatales y federales todavía tienen el derecho de intervenir.

Nadie está por encima de la ley o puede conducirse totalmente fuera de ella.

Lo que quiere decir es que aún si su terapia o medicina es controversial o no proviene de la medicina alópata, todavía le permite practicar y comunicarse con sus miembros.

La libertad de crecer y comunicarse

En resumen, al establecer una AMMP, usted enfrenta una vida sin el constante miedo de interferencia y usted puede utilizar su libertad para hacer crecer su negocio y desarrollar más sus habilidades. Usted puede tener un alto nivel de privacidad en su oficio y aspecto financiero de su práctica.

Usted puede ejercer considerablemente sus terapias curativas con menos posibilidad de enfrentar demandas por negligencia y sin que tenga que repartir una gran cantidad de dinero en seguros por conducta negligente.

Usted también puede eliminar investigaciones ilegales.

Capítulo 8

Establecer una Asociación

En 1988, el Dr. Isaac Goiz Durán de la Ciudad de México realizó un admirable descubrimiento.

Descubrió que la colocación estratégica de imanes borran las distorsiones del pH; por consiguiente hay un balance bioquímico y sanación extraordinaria que incluyen cánceres sin una gota de medicina.

Actualmente su ciencia se conoce como Biomagnetismo Médico, el Par Biomagnético o Biomagnetismo Goizeano.

Está aumentando rápidamente el interés y popularidad entre los sanadores y pacientes que están buscando alternativas seguras en comparación con la medicina alopática que ha fracasado en ellos.

Sin embargo, la ciencia médica natural y segura del Dr. Goiz no se ha desarrollado sin su dosis de dolor y controversia.

Inicialmente se presentó con resistencia y ataques por parte de las agencias gubernamentales y del cuidado de la salud en México.

Debido a la tensión en la que se encontraba, el Dr. Goiz eventualmente transfirió sus derechos de propiedad intelectual a la Universidad Autónoma de Chapingo en México para terminar toda persecución en contra de él y permitir que su descubrimiento médico avanzara.

También se sintió bajo presión para firmar un documento gubernamental en México en el cual estaba de acuerdo terminar de realizar más investigación sobre el tema.

Todas estas circunstancias concluyeron en, 'no hay bien que por mal no venga'.

Entonces tuvo la libertad de enseñar biomagnetismo médico a una audiencia más amplia. Pero todavía cuando imparte sus habilidades, advierte a sus estudiantes de *"sanar y quedarse callados"* para no dar paso en sus vidas a experiencias difíciles similares como las que él experimentó.

Ejercer con miedo es legalmente innecesario

Sin embargo ahora, para muchos terapeutas de Biomagnetismo Médico Goizeano como yo, así como para otros terapeutas alternativos/complementarios sin licencia, ya no es necesario ejercer con miedo.

He tomado ventaja de mi derecho en los Estados Unidos para ser parte de una Asociación Médica de Membresía Privada.

He visto las decisiones del Tribunal Superior que apoyan a los esfuerzos de la gente para expresarse libremente y asociarse bajo la Constitución y he visto que se respeta a través de las AMMPs.

Pero yo sé que aún existen muchos que ejercen medicina alternativa que desconocen los beneficios cuando se establecen estas asociaciones.

Esa es la razón que nos movió a escribir este libro, para dar información en qué hacer para evitar todas las implicaciones legales y acoso que pudieran estar padeciendo.

Capítulo 9

Los resultados de los retos en el Tribunal

Trasladar su práctica de medicina alternativa del sector público al privado hace una diferencia absoluta en su capacidad para poder llevar a cabo bien y libremente el trabajo de sanación.

Bajo la protección de la ley en los Estados Unidos de América, es posible trabajar su negocio de medicina alternativa y en su propio ambiente sin preocuparse de las autoridades locales, estatales y federales en todos los 50 estados.

Esto es debido a que estas autoridades no tienen jurisdicción en estos asuntos sobre las compañías del sector privado.

Esto significa que usted libremente puede utilizar modalidades, técnicas y cualquier invención especial que usted quiera utilizar bajo su propio juicio.

La única forma que usted puede estar bajo persecución o investigación bajo una AMMP es cuando esté provocando un peligro real pernicioso, claro y presencial.

Si usted desea cruzar las fronteras para la continuación de su negocio, recuerde que la AMMP lo ampara si usted cruza las delimitaciones estatales de los Estados Unidos, pero su cobertura y protección no incluye viajes internacionales.

La Constitución de los Estados Unidos apoya a las Asociaciones Médicas

Mientras que el Biomagnetismo Médico y otras formas de medicina alternativa no están explícitamente definidas en la Constitución de los Estados Unidos, el Tribunal Superior ha reconocido que ciertos derechos implícitos, tales como el derecho a asociarse, el derecho a la privacidad y el derecho a presumirse inocente, comparten en común protección constitucional con garantías explicitas tales como el derecho a la libertad de expresión.

Específicamente, el Tribunal Superior ha definido como inseparables el derecho a la libertad de expresión del derecho a asociarse.

En nuestro caso, esto significa que podemos reunirnos con otros para practicar y hablar acerca del biomagnetismo médico, y eso implica patología, diagnostico y tratamiento.

Cuando establecemos una AMMP, creamos un sistema operacional que nos permite proveer nuestros servicios en el sector privado con un contrato legal que nos vincula, lo cual cambia a los pacientes o clientes del sector público a un contrato de membresía privada de nuestra asociación médica.

Es un Derecho Constitucional no una Escapatoria Legal

Trabajar en el sector privado al establecer una Asociación Médica de Membrecía Privada no es una escapatoria legal. Más bien, es un derecho constitucional y cuando el Tribunal Superior se enfrentó a este reto, otorgó el fallo a nuestro favor.

Por ejemplo, hace años el Consejo de Administración de Autorización de Licencias a Quiroprácticos interpuso una denuncia en contra de las asociaciones médicas de membresía privada de Alphabiotismo por la práctica de medicina no autorizada. El Tribunal Superior otorgó el fallo a favor del Alphabiotismo en el sector privado.

Otro ejemplo de defensa con éxito de una AMMP se refiere a la Administración de Medicamentos y Alimentos (FDA, siglas en inglés) la cual inició una investigación criminal y civil en contra de una compañía de responsabilidad limitada (LLC, siglas en ingles) que fabricaba y distribuía suplementos a base de hierbas.

La FDA completamente les clausuró. Sus abogados les dijeron que la FDA puede clausurar a cualquiera y que nada se podía hacer al respecto.

Sin embargo, finalmente la investigación criminal y civil se dio por terminada cuando la misma compañía se convirtió en una Asociación de Membresía Privada. Al día de hoy no ha habido contacto con esa empresa por parte de la FDA o cualquier otra agencia federal.

Les repito: el gobierno federal no tiene jurisdicción en el sector privado.

El hecho es que existen más de 70 casos favorecidos por el Tribunal Superior de los Estados Unidos defendiendo los principios al establecer y hacer valer la Primera y Catorceava Enmienda de las AMMP.

No existen casos con fallos en contra de estas asociaciones.

Capítulo 10

La utilidad sobre el establecimiento de una AMMP

Hasta ahora está claro que nos guste o no, los profesionales de la salud de la medicina alternativa que interactúan profesionalmente con el público y sin la licencia necesaria, pueden estar sujetos a sanciones severas civiles y/o criminales, incluyendo el arresto y encarcelamiento.

Sin embargo, usted tiene el derecho legal de cambiar su negocio al sector privado y declarar abiertamente qué servicios y beneficios usted ofrece a sus miembros privados.

Usted puede curar personas y hacer un bien en este mundo.

Usted puede prosperar y hacer crecer su negocio.

Usted puede invertir en sí mismo y aprender más en el ámbito de su interés.

O, usted puede continuar caminando a través del

pantano en el mundo de las denuncias y realizar su trabajo detrás de la sombra del miedo.

Es su decisión.

Si usted opta por la opción lógica y lleva a cabo paso a paso para establecer una Asociación Médica de Membrecía Privada, existen algunas consideraciones que debe usted pensar si usted toma la ruta para formar una asociación.

Defina sus servicios antes de establecer una Asociación

Primero, usted debe saber con precisión qué servicios ofrece.

En tanto usted no esté practicando algo nocivo y dañino, usted puede ofrecer al mundo lo que usted guste. Pero debe saber qué es lo que ofrece, porque cuando usted establece una AMMP, los estatutos de la Asociación deben describir claramente los servicios, productos, modalidades y tecnologías que se utilizan en su negocio.

En el caso del biomagnetismo, por ejemplo, usted anuncia que ofrece un servicio que ayuda a borrar las distorsiones del potencial de hidrógeno para corregir problemas relacionados con microorganismos (bacterias, virus, hongos, parásitos), toxinas (medio ambiente, farmacéuticos, suplementos y comida), emocionales (depresión, ira, frustración, odio, tristeza, etcétera), o disfunciones (de órganos y glándulas), y mucho más.

Usted podrá cambiar los estatutos de la Asociación si usted desea agregar o eliminar servicios, pero es un proceso difícil. Por esta razón, es realmente mucho mejor y más práctico invertir el tiempo suficiente para pensar el concepto total de su negocio antes de establecerse.

Las AMMP son compañías legítimas y pagan impuestos.

Una vez que complete los estatutos de la Asociación, usted puede solicitar un nuevo número de identificación de empleado (EIN, por siglas en inglés).

Existen muchas otras preguntas que nos vienen a la mente en el proceso para formar su Asociación. Por ejemplo, ¿cómo declarar sus impuestos?

La Asociación de Membrecía Privada no es una corporación. Por el contrario, es una asociación no corporativa bajo derecho jurisprudencial. Sin embargo, debe presentar la forma 1120, similar a la de una corporación.

Es mejor desde el principio involucrar los servicios de un contador profesional certificado y competente que entienda el proceso.

¿Necesitará todavía una licencia?

Usted todavía va a necesitar una licencia si usted quiere facturar seguro, Medicare, accidentes de auto o dar recetas entre muchas otras cosas.

Sin embargo, si usted está trabajando en un campo que proporciona sanación donde ni siquiera existe una licencia, entonces está muy claro que es irrelevante.

¿Cómo podrá ayudar a sus miembros a presentar un reclamo al seguro?

Recuerde que la licencia se requiere si usted factura sobre un seguro a cualquier persona del sector público;

por lo tanto, estaría sujeto a una inspección pública. Por lo que si usted factura un seguro a una persona, bajo esas circunstancias evidentes, aun cuando sea en el mismo lugar, en ese caso, usted no está frente a un miembro, sino en una relación con pacientes/clientes/personas frecuentes.

Es importante que usted entienda que necesita dos lugares claramente separados y marcados aun bajo el mismo techo: uno para el público y otro para miembros de una AMMP. Los miembros de su AMP son tratados en el espacio asignado para la práctica privada solamente.

¿El seguro por negligencia es necesario?

El asunto también surge de si necesita o no mantener su seguro por negligencia, y básicamente la respuesta es una decisión personal.

Recuerde que si usted decide continuar teniendo una presencia pública, usted necesita seguir todas las normas y reglamentos estipulados por esas agencias.

Si todo su negocio se realiza a través de una PMA, el seguro por negligencia podría ser innecesario.

Yo, personalmente, no tengo un seguro por negligencia, porque las estadísticas muestran que los profesionales de la salud están expuestos a demandas cuando están asegurados, aún si su modalidad de sanación que practica es 100% segura.

Vivimos en un mundo altamente contencioso.

En el pasado asistí a una clase sobre el desarrollo de negocios para quiroprácticos (profesionales con licencia). Debido a la naturaleza de su modalidad, alguien po-dría pensar que el seguro por negligencia es obligatorio, pero no lo es.

Lo primero que el quiropráctico les dijo a sus estu-diantes en esta clase fue que cancelaran su seguro inme-diatamente.

Resulta que los despachos de abogados no intervend-rían en un caso al menos que la póliza pueda pagar vari-os miles de dólares.

Algunos quiroprácticos que asistieron hablaron de la falta de dinero inmediatamente después de haber termi-nado la escuela, que un seguro por negligencia estaba fuera de su alcance; así es que se "arriesgaron".

Una vez que empezaron a generar dinero, decidieron hacer las cosas de la manera "correcta" y sucedió que en ese momento inmediatamente los demandaron.

Otros se dieron cuenta que al momento de eliminar el seguro por negligencia, las demandas cesaron. Algunos dijeron que el promedio de demandas eran dos por año.

Déjeme recordarle que yo no soy abogado y no le estoy dando consejo acerca de qué debe hacer con un seguro por negligencia.

Simplemente le digo que usted no sería el único si cancelara su póliza.

Capítulo 11

¿Cómo establecer una Asociación?

Si usted quiere ayuda experta para establecer una Asociación de Membrecía Médica Privada, y estoy de acuerdo que tomar ese paso es una excelente idea, les recomendaría al Grupo Pro Advocate (http://www.pro-advocate.org/)

Email: protection@proadvocate.org

Phone in Texas: 214-387-0821

Address: 2591 Dallas Parkway, Suite # 107

Frisco, TX, 75034

Yo no soy un empleado de este grupo y no deseo excluir algunos otros grupos excelentes que también le pueden ayudar por hacer tal recomendación.

Más bien, esta recomendación sin atadura alguna, lo hago porque siento que ellos son extraordinarios.

Han ayudado a cientos de profesionales Alphabiotistas a establecer sus AMMP y han realizado un trabajo extraordinario defendiéndolos.

Índice de100 por ciento de éxito

Muchas veces han defendido la Primera y Catorceava Enmienda exitosamente y nunca han perdido un caso. Pienso que el índice de 100 por ciento de éxito es más que aceptable.

Personalmente, mi relación de trabajo con ellos ha sido maravillosa, y de corazón sé que usted se beneficiaría si conversa con ellos.

Yo fui su primer cliente de Biomagnetismo Médico Goizeano; así es que si les dice, "Necesito lo mismo que Moses Durazo", ellos entenderán sus necesidades.

Le llevarán de la mano por todas las otras complejidades para establecer su Asociación lista para operar, tal como formar su consejo directivo o directores y definiendo la labor de los directivos.

También han reunido muchísimos recursos materiales para ayudarle a saber cómo usar su AMMP para sacarle ventaja al máximo y protegerlo a usted y a su familia.

Estos mismos recursos también le ayudan a educar a sus clientes en cómo pueden formar parte y protegerse a sí mismos y a sus familias.

Capítulo 12

Un futuro brillante para la medicina alternativa

En tanto que la gente busca tomar control de su propia salud y ser tratada más democráticamente dentro del sistema del cuidado de la salud, continuarán buscando alternativas.

Esto, combinado con la efectividad de muchos tipos de medicina alternativa está motivando un crecimiento industrial que en el futuro sólo puede continuar hacia adelante.

De acuerdo a un reporte reciente llevado a cabo por analistas de la industria global, se espera que este año alcance cerca de $115 billones el negocio de la medicina alternativa.

Alrededor del mundo, cerca del 75% de las personas que viven en naciones en desarrollo actualmente reciben algún tipo de cuidado médico alternativo.

Los cambios en el campo médico se han manifestado lo suficiente al grado que las compañías de seguro están haciendo cambios, añadiendo el cuidado médico complementario y alternativo a los servicios que ellos cubren.

Ya es tiempo para salir de las sombras

Independientemente de este interés y crecimiento en nuestra industria, los terapeutas aún enfrentan una telaraña de regulaciones conflictivas y no están libres de seguir trabajando con tranquilidad.

En el futuro, más y más profesionales de la medicina alternativa saldrán de la sombra del miedo y estrés y darán paso al mundo de las Asociaciones de Membresía Privada para que puedan continuar su trabajo curativo.

Con el tiempo todo cambia, y esto incluye el mundo de la medicina.

Cuando creemos en nuestra práctica, depende de nosotros encontrar formas de llevarla a cabo con el mejor de nuestro conocimiento y habilidad, y con la protección necesaria que podamos reunir.

Propusimos una solución que creemos vale la pena considerarla con mucha seriedad.

Sección adicional: protocolo para el alivio de dolor

Como un bono a este libro y la comprensión al sistema, *Biomagnetismo: el sistema de recalibración de mente, cuerpo y espíritu*, aquí hay un protocolo altamente eficaz para el alivio de dolor. Es una de varios en ese libro.

Para obtener los imanes de la salud y poder aplicarte tú mismo este protocolo para el alivio del dolor, puedes visitar nuestra página www.SaveMeMagnets.com

La siguiente estrategia biomagnética le ha ayudado a muchos a aliviar e incluso eliminar el dolor. Esta es una alternativa segura y natural en lugar de utilizar analgésicos adictivos y potencialmente dañinos.

Aviso importante: algunos que han utilizado este protocolo contra el dolor, reportaron un aumento temporal del dolor. Esta es una gran señal, ya que indica que la transformación se está llevando a cabo. Las mismas personas también informaron que después de unos minutos, el dolor disminuyó e incluso desapareció.

Recordatorio: esta combinación biomagnética no es un sustituto a la atención médica; es para usar ddespués de la atención médica adecuada.

Mi intención con este trío magnético es ayudarte a soltar tu dolor y vivir en paz. Ya que hagas esta combinación magnética, pregúntate qué otras acciones de cuerpo, mente y espíritu estarán contribuyendo al dolor que estas experimentando.

Recomendado para:

Entre condiciones y situaciones es efectivo para lo siguiente:

Trauma físico: cortadas, rasguños, esguinces, distenciones, moretones, fracturas, huesos rotos, u otros. Aplica por 30 minutos, una (1) vez al día hasta que el dolor pare.

Dolor en general: si el dolor es de cabeza o dolor de estómago o que no está relacionado con un trauma físico, aplica de 1 a 55 minutos hasta tres (3) veces al día hasta que el dolor ceda.

Tumores/Área de crecimientos: utilízalos por 60 minutos, cuatro (4) veces al día, 8 días consecutivos como mínimo, y continúa como sea necesario.

Trío Magnético

1. Coloca un positivo en el riñón izquierdo

2. Coloca un positivo en el riñón derecho, y

3. Coloca un negativo en el área de dolor o tumor. En otras palabras, coloca el campo negativo donde sea que te duele o donde esté el tumor (p.ej. cabeza, estómago, fractura, etc...)

(* Observa que el riñón izquierdo está situado un poco más alto que el derecho)

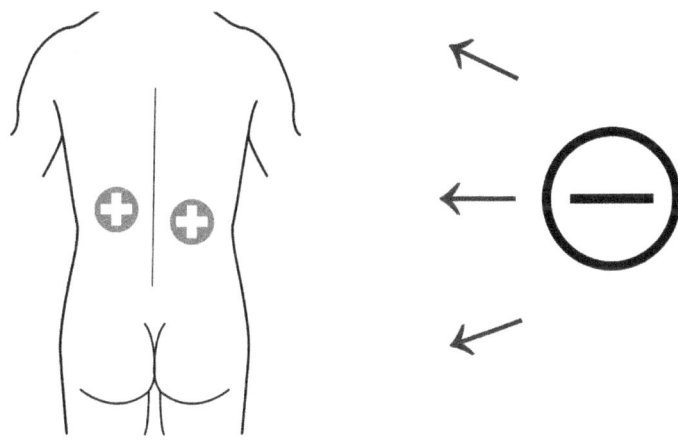

Ordene su kit de imanes

¿Le interesa aprender a usar los imanes para ayudarse a si mismo y a su familia? ¿Busca alternativas naturales y poderosas para eliminar el uso de medicamentos y/o suplementos costosos y posiblemente nocivos?

www.SaveMeMagnets.com tiene la solución para usted. Nuestros imanes pueden ayudar a: eliminar/aliviar el dolor, desintoxicar, mejorar el sistema inmune, tener mejor salud emocional y más.

La fuerza de los imanes no se caduca, así que puede estar seguro de que ha hecho una ¡excelente inversión que les ayudara por toda la vida!

No espere más. Ordene un set hoy (disponibles también en Amazon.com).

Colección de Libros

1. *Cómo prevenir, mejorar y curar la enfermedad usando imanes*

2. *Cómo curar con la medicina alternativa sin la interferencia del gobierno*

3. *Imanes médicos: cómo salvar vidas y millones de dólares en el cuidado de salud*

4. *Imanes al rescate*

5. *Cómo los imanes pueden salvar tu vida*

6. *Biomagnetismo: el sistema de recalibración mente, cuerpo, y espíritu.*

* Libros también disponibles en inglés

El por qué necesita la tecnología médica BEMER

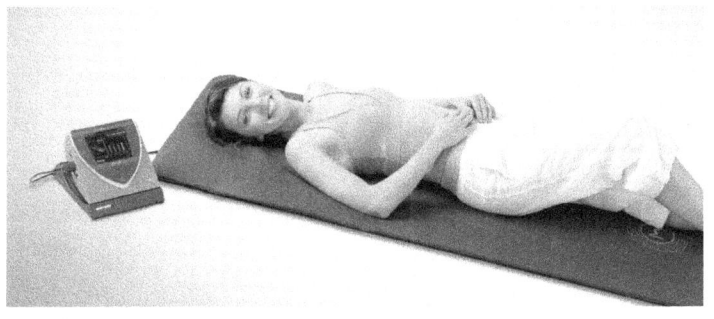

La tecnología médica BEMER es un dispositivo maravilloso que le está ayudando a miles a obtener la recuperación de su salud de forma más eficiente cuando se combina con el Biomagnetismo.

Los atletas profesionales y semi-profesionales usan esta tecnología para óptima función, y así lo deberíamos hacer todos cuando ya tenemos la buena salud.

Más y más están invirtiendo en esta tecnología para uso personal. Algunos la describen como el *"doctor en una caja"* – ¡realmente así es de poderoso y efectivo!

Le invitamos a visitar nuestra página web (*www. SaveMeMagnets.com*) para más información de cómo usted también puede probar esta tecnología en vivo y en directo.

Una vez que la pruebe, ¡sabemos que le encantará! Le podemos ayudar a ordenar uno inmediatamente; se envía a más de 40 países. También existe la oportunidad de financiar este dispositivo.

Sin duda, cada familia, lugar de empleo, organización, etc. debería tener uno para contribuir a la optima calidad de vida.

¡Juntos podemos superar el dolor y sufrimiento, e invitar el bienestar óptimo con mayor energía!

¿Qué espera? Ordénelo hoy:

http://biomagnetictherapy.bemergroup.com/en-US

Acerca del Autor

Moses Durazo, BA, HHP, CBP es terapeuta en medicina holística, especializado en Biomagnetismo Médico Goizeano y tiene su centro curativo en Santa Ana, California. También es vocero ávido y defensor de la medicina alternativa en los Estados Unidos e internacionalmente.

Los libros previos del especialista biomagnético incluyen: *1). Cómo prevenir, mejorar y curar la enfermedad usando imanes, 2) Cómo curar con la medicina alternativa sin la interferencia del gobierno, 3) Imanes médicos: cómo salvar vidas y millones de dólares en el cuidado de salud, 4) Imanes al rescate (un libro tipo caricatura orientado para la juventud) y 5) Biomagnetismo: el sistema de recalibración mente, cuerpo, y espíritu.*

El trayecto que llevó a Durazo a su carrera actual es fascinante. Inició sus estudios como Asistente Médico en la clínica médica de la Universidad de California Irvine. Con su meta de ser médico atendió la Universidad de California Santa Cruz (UCSC).

Atraído al mundo de la medicina y las investigaciones académicas, trabajó como asistente de investigaciones en el Centro de Estudios para la Prevención del SIDA (CAPS, siglas en inglés) con la Universidad de California San Francisco y el Hospital de Niños de Los Ángeles.

En la UCSC Durazo se expuso al campo del cuidado de la salud holística lo cual le provocó un cambio total en su paradigma. Al tomar un curso de acupresión despertó su consciencia interna. Él quiso aprender más acerca de las medicinas naturales y seguras del cuerpo, mente y espíritu que nuestros ancestros han utilizado durante siglos y completó el programa del cuidado de la salud holística en la UCSC. También se recibió con una licenciatura en estudios lingüísticos.

La combinación de medicina holística y estudiar idiomas amplió su forma de pensar y lo motivó a viajar a Europa, Asia y Latinoamérica. Como estudiante de alemán, en 1998 participó en un programa de verano al extranjero en Suiza.

Esta edificante experiencia le mostró que aún con las diferencias culturales, en el centro de nuestra existencia, todas las personas y sociedades tienen los mismos obstáculos en la vida que tienen que ver con obtener y mantener el balance óptimo del cuerpo, mente y espíritu.

Años después, un viaje a México en el 2008 desencadenó una curiosidad que lo llevó a explorar la terapia de Biomagnetismo Médico Goizeano como una terapia específica del cuidado de salud en lugar de una aplicación de campos magnéticos a "ciegas" tal como lo es la terapia de imanes, por ejemplo, las pulseras, los colchones y más.

En su viaje conoció a un dentista exitoso que dejó por completo su práctica para dedicar su vida al Biomagnetismo Médico Goizeano. Fue él quien le comentó a Durazo de todas las experiencias de curación y disminución de dolor de las cuales había sido testigo en un período corto de tiempo practicando esta ciencia biomagnética.

Cuando regresó a los Estados Unidos, el autor se puso en contacto con una Asociación de Biomagnetismo, pero quería obtener más experiencia y entrenamiento a fondo. Quería estudiar las teorías del Dr. Isaac Goiz Durán.

Durazo regresó a la ciudad de México a estudiar directamente con el Dr. Goiz y continuó asombrándose de casos de sanación que ocurrían.

En algún momento de su vida, Durazo sufrió enormemente de un problema de salud crónico y con el que la medicina alópata y alternativa no le había ayudado. Sin embargo, cuando le colocaron un par de imanes sobre su cuerpo, experimentó la cura a su problema en un período de 24 horas.

Al abrir su mente a las opciones de curación en el campo del Biomagnetismo, Durazo también tomó consciencia de los aspectos multidimensionales de la vida y retomó su interés en entrenarse en el campo de la salud holística. También aprendió un método eficiente que muestra un enfoque práctico para trabajar con las manos y se adiestró en el arte de las alineaciones Alphabióticas Quánticas.

Si te interesa vivir la mejor calidad de vida, te invitamos a visitar *www.SaveMagnets.com*

Glosario de términos

En este libro se utilizan ciertos términos que son familiares para aquellos de nosotros que trabajamos en el campo de la medicina *alternativa*.

Sin embargo, para asegurar la uniformidad y simplicidad, ofrecemos una guía rápida a los términos utilizados con más frecuencia en este libro.

Medicina Alopática

También se refiere a la medicina convencional o medicina común. Esto hace referencia a la medicina Occidental o medicina moderna que practican los médicos con licencia alrededor del mundo.

Medicina Alternativa

Para el propósito de este libro, este término se refiere a la medicina o terapias que se utilizan fuera del límite de la medicina alopática.

Medicina Complementaria

Medicina complementaria se refiere al concepto de practicar medicina convencional con medicina alternativa. Por ejemplo, un médico puede prescribir analgésicos, un medicamento tradicional, acupuntura, o una terapia que se practica fuera del ámbito de la medicina alopática.

Miembros

Pacientes, clientes o personas frecuentes del sector público que se convierten en miembros de una Asociación en el sector privado, luego de estar de acuerdo y firmar los documentos pertinentes.

Recursos Adicionales

WHO launches the first global strategy on traditional and alternative medicine
http://www.who.int/mediacentre/news/releases/release38/en/

Who traditional medicine strategy 2002-2005
http://whqlibdoc.who.int/hq/2002/WHO_EDM_TRM_2002.1.pdf

National Policy on Traditional Medicine and Regulation of Herbal Medicines - Report of a WHO Global Survey - 2005
http://apps.who.int/medicinedocs/en/d/Js7916e/2.html

Medical and health practitioners' defense
http://www.proadvocate.org/